DEL ACUSADO PARA LA JUSTICIA: MANUAL DE ASILO

UNA GUÍA DE SUPERVIVENCIA PARA QUIENES ENFRENTAN PROCEDIMIENTOS DE INMIGRÁCI Y ICE, PASO A PASO

RICK CURRY

EX ACUSADO FEDERAL CONVERTIDO EN DEFENSOR

Introducción

Bienvenido a La Guía Federal del Acusado para la Justicia: Manual de Supervivencia sobre Inmigración y ICE (Edición Revisada)

Si tú o un ser querido enfrentan la amenaza de detención migratoria, deportación o están tratando de navegar procesos complejos de inmigración, este manual es para ustedes. El sistema migratorio de EE.UU. puede ser abrumador, especialmente para personas que ya están atrapadas en el sistema de justicia federal o encarceladas en una prisión federal. Este libro fue escrito para ofrecer información clara, práctica y empoderadora para los no ciudadanos atrapados entre el derecho penal y la ley de inmigración—conocido comúnmente como "crimigración."

A diferencia de los textos legales tradicionales, esta guía explica el proceso en **español sencillo**, con un enfoque en lo que realmente sucede en la vida real—no solo en teoría legal. Ya sea que estés enfrentando un arresto por parte de ICE, detenido mientras cumples una condena en prisión, o tratando de ayudar a alguien que amas, este manual te ofrece herramientas, estrategias y claridad para entender tus derechos, preparar tu defensa y proteger tu futuro.

Lo Que Ofrece Este Libro

Este manual ofrece orientación paso a paso sobre los siguientes temas críticos:

- **Qué Sucede Durante un Arresto o Encuentro con ICE:**
  Aprende cómo opera ICE, qué ocurre durante un arresto, y cómo manejar interrogatorios, papeleo y conocer tus derechos durante un encuentro.

- **Ser Detenido Mientras Estás Encarcelado:**
  Entiende cómo funcionan las órdenes de detención (detainers) de ICE, cuándo ICE puede tomar custodia desde una prisión o cárcel, y cómo prepararte para esa transición si estás cumpliendo una sentencia federal.

- **Cómo Encontrar Ayuda Legal (Aunque No Puedas Pagarla):**
  Consejos para localizar abogados de inmigración, organizaciones legales sin fines de lucro y cómo abogar por ti mismo en detención o en la corte cuando los recursos son limitados.

- **Audiencias de Fianza y Solicitudes de Libertad:**
  Conoce tus opciones para salir de detención de ICE, incluyendo cómo solicitar una

audiencia de fianza, qué toma en cuenta el juez, y cómo respaldar tu caso.

- **Navegar el Proceso en la Corte de Inmigración:**
  Aprende sobre los dos tipos principales de audiencias (Calendario Maestro e Individual), qué esperar en la corte y cómo prepararte para cada paso.

- **Solicitudes de Asilo, Retención de Remoción, y la Convención Contra la Tortura (CAT):**
  Descubre quién califica para protección contra la deportación y cómo presentar estas solicitudes complejas pero que pueden salvar tu vida.

- **Salida Voluntaria vs. Órdenes de Deportación:**
  Explora las diferencias, ventajas y desventajas, y cómo cada una afecta tu posibilidad de regresar a EE.UU. en el futuro.

- **Apelaciones y Mociones para Reabrir tu Caso:**
  Conoce los hechos sobre lo que ocurre después de una orden de deportación y cómo luchar contra ella mediante apelaciones ante la Junta de Apelaciones de Inmigración (BIA) o presentando una moción para reabrir tu caso.

Este libro también incluye formularios de ejemplo, plantillas legales, listas de verificación y un glosario de términos comunes de inmigración—para que no te quedes con dudas sobre lo que significan las cosas.

¿Para Quién Es Este Manual?

- Personas bajo custodia federal o local que no son ciudadanos estadounidenses
- Personas bajo investigación, arresto o supervisión de ICE
- Familias que intentan ayudar a seres queridos detenidos
- Defensores y trabajadores sociales que trabajan con comunidades inmigrantes
- Cualquier persona que desea entender el proceso de aplicación de leyes migratorias en EE.UU.

Ya sea que estés comenzando tu caso migratorio, detenido luchando contra la deportación, o quieres ayudar a alguien en el sistema, este manual servirá como tu hoja de ruta y recurso.

Cómo Usar Este Libro

Este manual está organizado en secciones claras que siguen la línea de tiempo que la mayoría de las personas experimentan—desde el arresto, la detención, la corte y más allá. No necesitas leerlo todo de una vez. Usa la tabla de contenido para ir directamente a la parte que más necesites. Cada capítulo ofrece:

- Un desglose de términos clave
- Explicaciones reales y prácticas
- Pasos prácticos y opciones
- Consejos para trabajar con (o sin) un abogado

No hay tiempo que perder cuando se enfrentan consecuencias migratorias—empecemos.

Tabla de Contenido

📌 Primer Contacto – Cómo se Involucra ICE

La Agencia de Inmigración y Control de Aduanas de los Estados Unidos (ICE, por sus siglas en inglés) desempeña un papel fundamental en la aplicación de las leyes migratorias dentro del país. La participación de ICE normalmente comienza cuando se sospecha que una persona ha violado leyes de inmigración o ha cometido ciertos delitos. Aquí te explicamos cómo funciona el proceso:

Capítulo 1: Encuentros con ICE

1. Encuentro Inicial o Identificación

ICE suele involucrarse por medio de una de las siguientes formas:

• **Arrestos Penales:** Cuando una persona es arrestada por autoridades locales o estatales, ICE puede ser notificado si se sospecha que la persona no tiene estatus legal o tiene antecedentes migratorios.
• **Redadas e Investigaciones de ICE:** ICE realiza redadas en lugares de trabajo, visitas a domicilios y acciones dirigidas para localizar a personas que se cree están violando leyes migratorias.
• **Solicitudes Migratorias y Verificaciones de Antecedentes:** A veces, personas que solicitan beneficios migratorios (como residencia o extensión

de visa) activan una revisión por parte de ICE debido a violaciones previas o documentación incompleta.

• **Órdenes de Detención (ICE Holds):** Si una persona está en la cárcel, ICE puede emitir una orden de detención solicitando a la instalación que retenga al individuo hasta 48 horas después de su liberación programada para que ICE pueda tomar custodia.

2. Detención y Procesamiento

Una vez ICE toma custodia, ellos:

• Colocan al individuo en un centro de detención de ICE o en una cárcel contratada.
• Inician procedimientos de deportación presentando una Notificación de Comparecencia (NTA, por sus siglas en inglés) ante un juez de inmigración.
• Determinan si el individuo puede ser liberado bajo fianza o libertad condicional, aunque en algunos casos se aplican leyes de detención obligatoria.

3. Procedimientos de Deportación

Durante los procedimientos:

• ICE actúa como la agencia fiscal, presentando el caso del gobierno para justificar la deportación del individuo.
• La persona detenida puede tener la oportunidad de luchar su caso en la corte de inmigración, solicitando

alivios como asilo, cancelación de deportación o ajuste de estatus.

4. Órdenes Finales y Ejecución

Si un juez de inmigración emite una orden final de deportación:

• ICE es responsable de ejecutar la deportación, lo que incluye coordinar con el país receptor y organizar el viaje.
• En casos donde la deportación no es posible de inmediato, ICE puede tener que liberar al individuo bajo supervisión, especialmente después de seis meses, como se estableció en **Zadvydas v. Davis**.

El papel de ICE es localizar, detener y deportar a personas que violan las leyes migratorias de EE.UU. Sin embargo, los individuos tienen derechos durante este proceso, incluyendo el derecho a representación legal y, en algunos casos, el derecho a solicitar fianza o alivio contra la deportación.

Capítulo 2: Órdenes de Detención de ICE – Cuando Has Sido Acusado o Condenado por un Delito

2.1 – ¿Qué es una Orden de Detención de ICE?

Una orden de detención de ICE es una **solicitud** hecha a una agencia policial para que **notifique a**

ICE sobre la liberación próxima de un no ciudadano y lo retenga **hasta por 48 horas** para que ICE pueda asumir la custodia.

- **Formulario I-247A**: Utilizado para emitir órdenes de detención.
- Las órdenes de detención **no son órdenes judiciales** y muchos estados y ciudades las consideran **voluntarias**.

Base legal: 8 C.F.R. §287.7(d)
Casos clave: *Galarza v. Szalczyk (2014)*, *Morales v. Chadbourne (2015)*

1. Galarza v. Szalczyk (3er Circuito, 2014)
Citación: 745 F.3d 634 (3d Cir. 2014)

Antecedentes:
Ernesto Galarza, ciudadano estadounidense nacido en Nueva Jersey, fue arrestado en Pensilvania por cargos de drogas. A pesar de pagar fianza, permaneció detenido tres días más debido a una orden de detención de ICE, basada erróneamente en la creencia de que no era ciudadano.

Decisión clave:
El Tribunal de Apelaciones del Tercer Circuito sostuvo que las órdenes de detención de ICE son **solicitudes voluntarias**, no órdenes obligatorias. Por lo tanto, **las agencias locales de aplicación de la ley no están obligadas a cumplirlas**. El tribunal recalcó que detener a alguien solo por una orden de

ICE, **sin causa probable independiente**, puede violar la **Cuarta Enmienda**.

Impacto:
Esta decisión aclaró que las autoridades estatales y locales **pueden ser responsables legalmente** por detener ilegalmente a personas basándose solo en órdenes de detención de ICE. Subrayó la importancia de verificar el estatus de ciudadanía y de tener causa probable antes de detener.

2. Morales v. Chadbourne (1er Circuito, 2015)
Citación: 793 F.3d 208 (1st Cir. 2015)

Antecedentes:
Ada Morales, ciudadana naturalizada de Guatemala, fue arrestada en Rhode Island. A pesar de informar a las autoridades sobre su ciudadanía y ofrecer sus documentos de naturalización, fue detenida durante 24 horas bajo una orden de detención de ICE.

Decisión clave:
El Tribunal de Apelaciones del Primer Circuito dictaminó que detener a una persona **solo con una orden de ICE**, sin causa probable, **viola la Cuarta Enmienda**. ICE debe tener causa probable para emitir una orden de detención; hacerlo sin esa base **es inconstitucional**.

Impacto:
El caso reafirma que los ciudadanos estadounidenses **no pueden ser detenidos sin causa probable**,

incluso en asuntos migratorios. Resalta el riesgo de violaciones constitucionales cuando ICE emite órdenes sin verificación adecuada.

Resumen de ambos casos:

- Las órdenes de detención de ICE son **solicitudes, no mandatos**.
- Las autoridades locales y estatales **no están obligadas a cumplirlas sin causa probable**.
- Detener personas (especialmente ciudadanos) **sin causa probable** basándose únicamente en una orden de ICE **puede violar la Cuarta Enmienda**.

Estas decisiones tienen **importantes implicaciones** para la práctica de la ley migratoria y los derechos individuales dentro de los EE.UU.

2.2 – ¿Cómo Se Entera ICE Sobre Personas en Cárcel?

ICE obtiene información a través de programas como:

- **Secure Communities**: Los datos biométricos compartidos desde las cárceles alertan automáticamente a ICE.
- **Programa de Criminal Alien (CAP)**: Permite que agentes de ICE trabajen dentro de las cárceles y examinen a los detenidos.

Estatuto: 8 U.S.C. §1373
(*modificado por litigios recientes, incluyendo City of Chicago v. Sessions*)

2.3 – De la Prisión a Custodia de ICE

ICE usualmente espera a que se **cumpla la sentencia penal** antes de asumir la custodia:

- **Coordinación entre BOP e ICE**: ICE es notificado antes de la liberación.
- **Transferencia post-liberación**: El detenido puede ser transferido directamente a un centro de detención de ICE.

2.4 – La Trampa Legal: Doble Castigo

Cumplir una sentencia penal **no termina el riesgo legal para inmigrantes**. Después de cumplir la condena, un individuo puede:

- Ser detenido de inmediato por ICE.
- Ser sujeto a **detención obligatoria** bajo 8 U.S.C. §1226(c).

Casos clave:
Demore v. Kim (2003) y **Zadvydas v. Davis (2001)**

1. Zadvydas v. Davis (2001)

Tema:
¿Puede el gobierno detener indefinidamente a inmigrantes con órdenes de deportación final cuando su deportación no es razonablemente previsible (por ejemplo, ningún país los acepta)?

Decisión:
La Corte Suprema sostuvo que la **detención indefinida es inconstitucional** bajo la Cláusula del Debido Proceso de la Quinta Enmienda.

Punto clave:
La Corte estableció un **límite presunto de seis meses** para la detención después de una orden final. Si la deportación no es razonablemente probable, el detenido debe ser **liberado**.

Impacto:
Protege a las personas de ser encerradas indefinidamente cuando la deportación no es viable.

2. Demore v. Kim (2003)

Tema:
¿Puede el gobierno detener obligatoriamente a residentes permanentes legales que han cometido ciertos delitos mientras esperan sus procedimientos de deportación, sin audiencia de fianza?

Decisión:
La Corte Suprema **validó la autoridad del gobierno** bajo 8 U.S.C. §1226(c) para detener obligatoriamente a ciertos no ciudadanos **sin audiencia de fianza**.

Punto clave:
La Corte razonó que esta detención suele ser breve y limitada a la duración del proceso de deportación.

Impacto:
Autoriza la **detención obligatoria** de ciertos inmigrantes con antecedentes penales, incluso si son residentes legales.

Resumen de los dos casos:

- **Zadvydas v. Davis (2001)**: Protege contra la detención indefinida tras orden de deportación final.
- **Demore v. Kim (2003)**: Permite detención obligatoria **sin audiencia de fianza** durante procesos de deportación en ciertos casos penales.

Recursos Adicionales:

- American Immigration Council
- National Immigration Project
- ACLU sobre Detainers

2.5 – Derechos Mientras Estás en Custodia de ICE y Cómo Prepararte

Una vez transferido a custodia de ICE, el detenido tiene **derechos específicos** bajo regulaciones migratorias y la Constitución de EE.UU., aunque el proceso migratorio sea civil:

- **Derecho al Debido Proceso**: Puedes impugnar tu detención y deportación en corte migratoria.
- **Derecho a Representación Legal (por tu cuenta)**: No hay defensor público, pero puedes contratar o buscar abogados pro bono.
- **Derecho a Solicitar Audiencia de Fianza** (si aplica)
- **Derecho a guardar silencio y no auto incriminarte**
- **Derecho a contactar tu consulado**
- **Acceso a biblioteca legal y materiales legales**
- **Derecho a recibir una Notificación de Comparecencia (NTA)**
- **Condiciones humanas y atención médica adecuada**
- **Consideraciones especiales para solicitantes de asilo y personas vulnerables**
- **Preparar tus documentos y evidencias para el caso**

- **Comunicarte con tu familia y redes de apoyo**
- **Comprender los siguientes pasos: procedimientos de remoción, salida voluntaria o liberación**
- **Planificar para la vida tras la liberación o deportación**

Derechos del Detenido: Comunicarse con tu Consulado

Tu derecho a contactar tu consulado

Si no eres ciudadano de EE.UU. y estás detenido por ICE, tienes **derecho a comunicarte con tu consulado**. Este derecho está protegido por leyes de EE.UU. y **tratados internacionales**.

ICE debe informarte que puedes pedir contacto con tu consulado. No es un favor — es **un derecho legal**. Algunos países incluso tienen acuerdos con EE.UU. que exigen **notificación automática**.

¿Qué significa esto para ti como detenido?

- Puedes pedir hablar con un representante de tu consulado.
- Puedes solicitar ayuda para:
    - Notificar a tu familia,
    - Buscar representación legal,

- Ayuda con traducción o barreras de comunicación,
- Asegurarte de recibir un trato justo bajo leyes de EE.UU. e internacionales.

Consejo: Si ICE **no te informa de tu derecho consular** o **bloquea el contacto**, eso puede usarse luego como **violación de debido proceso**. No anula tu caso automáticamente, pero **puede ayudarte en apelaciones**.

¿Qué es la Convención de Viena?

Es un tratado internacional de 1963 firmado por más de 180 países, incluyendo EE.UU., que establece **cómo deben ser tratados los ciudadanos extranjeros** detenidos en otro país.

Artículo 36:
Cuando una persona es arrestada en otro país, **las autoridades deben informarle de su derecho a contactar su consulado**.

¿Por qué es importante?

- Es un compromiso global: "Tú proteges a los míos, yo protejo a los tuyos."
- Refuerza la justicia: Evita que las personas queden aisladas o sin recursos legales.

- Puede impactar tu caso: Una violación puede servir como argumento en apelaciones por trato injusto.

Casos Clave sobre Fianzas:

Rodriguez v. Robbins (9º Circuito, 2013)

Cita: 715 F.3d 1127

El tribunal dictó que inmigrantes detenidos por más de seis meses **tienen derecho a audiencias de fianza periódicas cada seis meses**. Detención prolongada sin audiencia viola el **debido proceso**.

Jennings v. Rodriguez (Corte Suprema, 2018)

Caso No. 15-1204

La Corte Suprema **anuló** la decisión anterior, declarando que las leyes migratorias **no garantizan audiencias de fianza automáticas** incluso con detención prolongada.

Conflicto entre las decisiones:

- *Rodriguez v. Robbins*: defendió el debido proceso y audiencias periódicas.
- *Jennings v. Rodriguez*: dijo que **la ley no exige** esas audiencias, y los tribunales no pueden imponerlas.

Recursos Útiles:

- EOIR – Oficina Ejecutiva de Revisión de Inmigración
- Red de Defensores de Inmigración
- Detention Watch Network

Capítulo 3: Encontrar Ayuda Legal y Audiencias de Fianza

3.1 – Entendiendo la Importancia de la Representación Legal

Navegar por un proceso migratorio sin abogado es extremadamente difícil. Un abogado calificado puede:

- Explicar tus derechos y opciones legales.
- Representarte en audiencias de fianza y en la corte.
- Preparar evidencia y mociones legales que podrían resultar en tu liberación o en alivio contra la deportación.

Consejo: La corte de inmigración **no proporciona abogados gratuitos**. Debes conseguir tu propia representación legal.

3.2 – Cómo Encontrar Asistencia Legal

Muchas organizaciones sin fines de lucro y abogados pro bono ofrecen ayuda legal gratuita o a bajo costo. Busca en directorios legales como immigrationadvocates.org para encontrar recursos en tu área.

3.3 – Prepararse para Audiencias de Fianza

Una audiencia de fianza es tu oportunidad para **pedir ser liberado de la custodia de ICE**. El juez considera:

- Riesgo de fuga y preocupaciones de seguridad pública.
- Vínculos con EE.UU. (familia, trabajo, comunidad).
- Historial criminal y rehabilitación.

Qué Preparar:

- Cartas de apoyo de familiares, empleadores y líderes comunitarios.
- Pruebas de residencia y empleo.
- Registros de buena conducta.

3.4 – Organizaciones Nacionales que Ofrecen Ayuda Legal

- **National Immigration Legal Services Directory** – immigrationadvocates.org

- **National Immigrant Justice Center (NIJC)** – immigrantjustice.org
- **Freedom for Immigrants** – freedomforimmigrants.org
- **Legal Orientation Program (LOP)** – justice.gov/eoir

1. Entendiendo la Importancia de la Representación Legal

La representación legal es uno de los factores más críticos al navegar el sistema de justicia federal. Un abogado con experiencia puede:

- Asegurar que se respeten tus derechos constitucionales.
- Asesorarte sobre la fuerza de tu caso.
- Negociar acuerdos y prepararte para juicio o sentencia.

Incluso si decides representarte tú mismo (pro se), es **altamente recomendable consultar un abogado** para orientación estratégica.

2. Cómo Encontrar Ayuda Legal

Encontrar ayuda legal adecuada puede ser un reto, especialmente si tienes recursos limitados. Intenta lo siguiente:

- Contacta a la oficina de defensor público local si aún no tienes abogado.
- Busca clínicas legales, programas en facultades de derecho u organizaciones sin fines de lucro que ofrezcan servicios pro bono.
- Si estás detenido, **pide un directorio legal en la biblioteca legal del centro o a tu trabajador de caso**.

3. Preparación para Audiencias de Fianza

Una audiencia de fianza determina si puedes ser liberado mientras esperas juicio. La preparación es clave. Debes reunir lo siguiente:

- Pruebas de vínculos comunitarios (cartas de familia, empleadores, iglesias).
- Prueba de residencia estable.
- Documentación de empleo o escuela.
- Un plan de supervisión tras la liberación, si se requiere.

Tener un abogado presente aumenta significativamente tus posibilidades de obtener fianza. Si te niegan la fianza, puedes solicitar una revisión posteriormente.

4. Organizaciones Nacionales que Ofrecen Ayuda Legal

Organizaciones confiables que ayudan a personas en custodia federal o en procedimientos migratorios:

- **The Innocence Project** – Se enfoca en condenas erróneas.
- **NLADA – National Legal Aid & Defender Association** – Directorio de servicios legales locales.
- **ACLU – American Civil Liberties Union** – Litiga violaciones de derechos constitucionales.
- **CLINIC – Catholic Legal Immigration Network** – Apoyo legal migratorio.
- **Defensores Públicos Federales** – Disponible en cada distrito federal.

Ayuda Legal en Georgia

Si estás en Georgia o tienes un caso pendiente ahí, contacta:

- **Georgia Legal Services Program** – Ayuda gratuita para residentes de bajos recursos.
- **Atlanta Legal Aid Society** – Asistencia en asuntos civiles y penales.

- **Southern Center for Human Rights** – Reforma del sistema de justicia y representación.
- **Georgia Innocence Project** – Exoneración de personas inocentes.
- **State Bar of Georgia Pro Bono Project** – Conecta personas con abogados voluntarios.

📋 Lista de Verificación – Preparación para Audiencia de Fianza

Elemento	Descripción	¿Adjunto?
Dirección válida	Dónde vivirás si eres liberado	☐
Carta del empleador	Confirmación de empleo disponible	☐
Cartas de apoyo	Al menos 2–3 cartas sólidas	☐
Participación comunitaria	Iglesia, voluntariado, etc.	☐
Actas de nacimiento	De hijos o cónyuge	☐
Escrito legal (si es posible)	Argumento escrito del abogado	☐

■ Plantilla: Carta de Apoyo para Audiencia de Fianza

[Tu Nombre Completo]
[Dirección]
[Número de Teléfono]
[Fecha]

A quien corresponda:

Escribo esta carta en apoyo de **[Nombre Completo del Detenido]**, quien actualmente está en detención migratoria. Lo/la conozco desde hace **[X años]** y puedo dar testimonio de su buen carácter y su rol positivo en nuestra comunidad.

[Inserta aquí una historia personal o cómo conoces al detenido.]

Si es liberado/a, **[Nombre]** tiene un hogar seguro en **[Dirección]** y asistirá a todas las audiencias programadas en la corte.

Atentamente,
[Firma]
[Tu Nombre]

📚 Directorio Ampliado de Organizaciones de Confianza

☐☐ National Immigrant Justice Center (NIJC)

- Servicios: Representación a detenidos, abogacía para fianzas.
- Tel: (773) 672-6599 | Línea para detenidos: (312) 583-9721 (acepta llamadas por cobrar)
- Web: immigrantjustice.org

☐ Freedom for Immigrants

- Servicios: Fondos de fianza, línea de ayuda legal, mapas de detención.
- Tel: (209) 757-3733
- Web: freedomforimmigrants.org

⚖☐ CLINIC – Catholic Legal Immigration Network, Inc.

- Servicios: Apoyo legal y entrenamiento para organizaciones sin fines de lucro.
- Web: cliniclegal.org

☐ RAICES (Texas)

- Servicios: Asistencia legal y de fianza para detenidos por ICE.
- Tel: (210) 222-0964

- Web: raicestexas.org

🎯 Consejo Clave: Ganar la Fianza es Solo el Comienzo

Ser liberado por una audiencia de fianza **no termina tu caso migratorio**. Aún debes:

- Mantener tu dirección actualizada con la corte y ICE.
- Asistir a todas las audiencias.
- Seguir trabajando con tu abogado para pelear tu caso o buscar alivio.

Preguntas Frecuentes de Personas Detenidas

P1: ¿Puedo tener audiencia de fianza si tengo antecedentes penales?
R: Sí, pero depende del tipo de delito. Algunos crímenes te hacen inelegible. Consulta a un abogado.

P2: ¿Qué pasa si pierdo mi audiencia de fianza?
R: Puedes solicitar otra si cambian tus circunstancias o apelar al BIA.

P3: ¿Cuánto cuesta una fianza típica?
R: Entre $1,500 y $25,000 o más. El juez considera tus lazos, trabajo y antecedentes.

P4: ¿Puede un familiar pagar la fianza?
R: Sí, un familiar o amigo con estatus legal puede pagarla con cheque certificado o giro postal.

P5: ¿Y si no puedo pagar la fianza?
R: Busca programas de asistencia como Freedom for Immigrants u organizaciones locales.

P6: ¿Cómo me preparo si no tengo abogado?
R: Reúne documentos, cartas de familia, practica contar tu historia. Usa directorios legales gratuitos.

□□ Consejos para Trabajar con Defensores Públicos

Si tienes un defensor público o abogado asignado:

- Sé honesto y claro. Comparte todos los hechos.
- Haz preguntas. Pide explicaciones o actualizaciones.
- Mantente organizado. Guarda copias y comparte documentos.
- Sigue su consejo. Los defensores conocen el sistema legal.

Nota: Las cortes migratorias no asignan automáticamente defensores públicos, pero si tienes cargos penales, tu abogado criminal puede coordinar con tu abogado de inmigración.

□ ¿Pueden Ayudar los Paralegales?

Sí—especialmente si trabajan bajo supervisión legal o en organizaciones acreditadas. Pueden:

- Ayudar a preparar formularios y paquetes de fianza.
- Redactar cartas, organizar evidencia, recolectar documentos.
- Hacer investigación legal con supervisión.
- Explicar procedimientos en términos simples.

Busca paralegales capacitados en ley migratoria y con respaldo institucional.

🚨 ¡Cuidado con Fraude Migratorio!

Señales de Alerta:

- Piden dinero sin contrato ni recibo.
- Prometen resultados "garantizados".
- "Notarios" o "consultores" sin acreditación legal.
- Se niegan a darte copias de tus documentos.

Siempre verifica:

- Número de colegiatura del abogado.
- Acreditación del representante en EOIR.

✅ Programas de Paralegales de Confianza

Organizaciones que capacitan y certifican paralegales bajo supervisión legal:

- **ILRC – Immigrant Legal Resource Center** – Entrenamiento legal y acreditación.
  - ilrc.org
- **NIPNLG – National Immigration Project** – Apoyo y defensa legal.
  - nipnlg.org
- **Catholic Charities Legal Services** – Apoyo legal y paralegal para personas de bajos ingresos.
  - Busca la oficina más cercana en línea.

Pros y Contras de Usar un-Paralegal

Ventajas:

- Costo bajo.
- Apoyo con documentos y organización.
- Comunicación clara.

Desventajas:

- No pueden representarte ante un juez.
- No pueden dar consejos legales sin estar acreditados.

- Calidad varía sin supervisión.

Capítulo 4: Tipos de Alivio Contra la Deportación

En este capítulo cubriremos **todos los tipos principales de alivio legal disponibles para no ciudadanos** que enfrentan la deportación. Estas formas de alivio pueden detener o retrasar la deportación, y en algunos casos, **llevar a un estatus legal permanente**. Este capítulo está diseñado para ayudar tanto a las personas detenidas como a sus familias a entender todas sus opciones.

Sección 1: Asilo, Retención de Remoción, y la Convención Contra la Tortura (CAT)

Asilo

- Protege a personas que temen persecución en su país de origen por motivos de:
    - Raza
    - Religión
    - Nacionalidad
    - Opinión política
    - Pertenencia a un grupo social en particular

- Debes presentar la solicitud dentro de **1 año** de haber llegado a EE.UU. (pueden haber excepciones)
- **Beneficios**: Permiso de trabajo y camino hacia la residencia legal

Ejemplo de caso: María de Honduras
María huyó de la violencia doméstica y amenazas de una pandilla. Solicitó asilo dentro del primer año de llegada. Su abogada la ayudó a reunir reportes policiales, declaraciones de testigos y evaluaciones psicológicas. Se le concedió asilo después de su audiencia individual.

Consejos de abogado/paralegal:

- Ayuda a los detenidos a completar el **Formulario I-589**
- Reúne evidencia: fotos, informes de país, declaraciones juradas
- Prepara al cliente para testificar sobre su trauma

Retención de Remoción

- Similar al asilo, pero más difícil de obtener
- Se requiere demostrar una “alta probabilidad” de persecución
- **No otorga residencia**, pero protege contra la deportación

CAT – Convención Contra la Tortura

- Para quienes probablemente serían torturados si regresan a su país
- **No otorga residencia**, pero ofrece protección contra la deportación

Errores comunes:

- No presentar la solicitud de asilo dentro del plazo de 1 año
- Documentación débil de amenazas o daños pasados

Sección 2: Cancelación de Deportación

Para Residentes Permanentes Legales (LPRs)

Requisitos:

- 7 años de residencia continua en EE.UU.
- 5 años como residente permanente
- **Ninguna condena por delitos agravados**

Para No Residentes Permanentes (indocumentados o con visa vencida)

Requisitos:

- 10 años en EE.UU.
- Buen carácter moral
- Que un esposo, hijo o padre ciudadano o residente legal **sufra un perjuicio excepcional y extremadamente inusual**

Ejemplo de caso: Juan, residente legal por 6 años
Juan tenía una green card y dos hijos ciudadanos estadounidenses. Después de una ofensa menor relacionada con drogas, ICE inició procedimientos de deportación. Su abogado probó que llevaba más de 7 años en EE.UU. y que no tenía delitos agravados. Su deportación fue cancelada.

Consejos para paralegales:

- Ayuda a recolectar declaraciones de impuestos, expedientes escolares y cartas de apoyo
- Redacta declaraciones personales y escritos de dificultad extrema

Errores comunes:

- Suponer que delitos menores no son deportables
- No proporcionar pruebas suficientes de dificultad para la familia

Sección 3: Ajuste de Estatus, Visas U y Otros Formularios

Ajuste de Estatus

- Algunos pueden solicitar la residencia legal (green card) a través de familia o empleo
- Deben ser elegibles mediante una petición aprobada (por ejemplo, Formulario I-130)

Visa U (para víctimas de delitos)

- Para víctimas de delitos graves que colaboraron con la policía

Visa T (para víctimas de trata humana)

- Deben demostrar que fueron víctimas de trata y cooperaron con las autoridades

Estatus Especial de Inmigrante Juvenil (SIJS)

- Para menores abusados, descuidados o abandonados

VAWA – Ley de Violencia Contra la Mujer

- Para víctimas de abuso por parte de un ciudadano estadounidense o residente legal

Ejemplo de caso: Sara, sobreviviente de violencia doméstica
El esposo residente legal de Sara la abusó y amenazó con deportarla. Con la ayuda de una paralegal, presentó una petición bajo VAWA y obtuvo permiso de trabajo y luego la green card.

Consejos para paralegales:

- Prepara declaraciones juradas y recopila pruebas de apoyo
- Ayuda a completar los formularios I-918 (Visa U), I-360 (VAWA) o I-485 (Ajuste de estatus)

Errores comunes:

- No reportar el crimen a las autoridades (problema para–Visa U)
- No presentar pruebas suficientes en casos de VAWA

Sección 4: Salida Voluntaria vs. Orden de Deportación

Salida Voluntaria

- Aceptas salir de EE.UU. por tus propios medios
- **Evitas una orden formal de deportación**

Orden de Deportación

- El juez ordena tu expulsión del país
- Puede activar **prohibiciones de reingreso de 5, 10 o hasta 20 años**

Consejo estratégico legal:

- Los paralegales pueden redactar solicitudes de salida voluntaria para preservar opciones de reingreso

- Los abogados pueden negociar con el DHS la salida voluntaria en lugar de la remoción total

Sección 5: Apelaciones y Mociones

Junta de Apelaciones de Inmigración (BIA)

- Debes presentar la apelación dentro de **30 días**

Moción para Reabrir el Caso

- Se presenta cuando hay **nuevas pruebas o circunstancias** que no existían en la audiencia original

Moción para Reconsiderar

- Se basa en **errores legales** en la decisión del juez
- No introduce nueva evidencia, sino que señala errores en la aplicación de la ley

Ejemplo de caso: Karim, asilo denegado
Karim perdió su caso de asilo, pero obtuvo nuevas pruebas sobre las condiciones en su país. Una paralegal ayudó a su abogado a presentar una moción para reabrir su caso.

Tabla de Consejos sobre Elegibilidad

Forma de Alivio	**Útil Para...**	**Requisito(s) Clave**
Asilo	Miedo a persecución	Solicitar dentro de 1 año
Cancelación (LPR)	Residentes permanentes	5 años como LPR, 7 años en EE.UU.
Cancelación (No LPR)	Inmigrantes indocumentados	10 años, dificultad para familiar
Visa U	Víctimas de delitos	Haber ayudado a las autoridades
VAWA	Víctimas de abuso	Abuso por ciudadano o LPR
Ajuste de estatus	Casos patrocinados por familia	Tener petición válida aprobada
CAT	Miedo a tortura	Mostrar alta probabilidad de tortura

Este capítulo sirve como **una guía poderosa**. Para muchos, un paralegal o defensor legal capacitado puede ser **la única esperanza para prepararse**

adecuadamente. Siempre verifica las credenciales y **reúne documentación sólida lo antes posible**.

Capítulo 5: Solicitudes de Asilo

Este capítulo se enfoca específicamente en el **asilo** — una de las protecciones más importantes dentro de la ley de inmigración de EE.UU. Es un salvavidas para personas que huyen de peligros graves en sus países de origen. Aquí desglosamos el proceso, ofrecemos ejemplos reales, brindamos consejos para la preparación legal, y destacamos errores comunes y estrategias efectivas.

Sección 1: ¿Qué es el Asilo?

1. Definición

El asilo es una protección legal para individuos que han sufrido persecución o temen persecución futura por motivos de:

- Raza
- Religión
- Nacionalidad
- Opinión política
- Pertenencia a un grupo social en particular

2. Tipos de Solicitudes de Asilo

- **Afirmativa**: Se presenta fuera de procedimientos de deportación
- **Defensiva**: Se presenta como defensa contra la deportación

Sección 2: ¿Quién Califica para el Asilo?

1. Criterios de Elegibilidad

- Presencia física en EE.UU.
- Solicitud presentada dentro del primer año de llegada (algunas excepciones aplican)
- Debe demostrar temor creíble de persecución

2. Barreras para la Elegibilidad

- Condenas por delitos graves
- Participación en la persecución de otros
- Acuerdo de "tercer país seguro" (raro)

Sección 3: El Proceso de Asilo (Paso a Paso)

1. Presentación de la Solicitud

- Formulario **I-589**, presentado ante **USCIS** (afirmativo) o **EOIR** (defensivo)
- No se requiere tarifa

2. Entrevista de Temor Creíble (CFI)

- Para personas detenidas que expresan miedo al ser arrestadas
- Deben establecer una **posibilidad significativa de persecución**

3. Audiencia en la Corte de Inmigración

- Presentación de pruebas y testimonio
- Oportunidad para contrainterrogar a testigos del gobierno

4. Decisión Final

- El juez otorga o niega el asilo; si se niega, se puede apelar ante la BIA

Sección 4: Ejemplos de Casos

- **Caso 1: Violencia de Género**
  Luz, de Guatemala, huyó de violencia doméstica severa. Presentó su solicitud dentro del plazo e incluyó expedientes psicológicos y

reportes de condiciones del país. El juez le otorgó asilo.

- **Joven en Honduras** que huyó de violencia de pandillas y reclutamiento forzado; recibió asilo por pertenecer a un grupo social particular.
- **Periodista en Eritrea** recibió asilo por opinión política tras ser encarcelado y torturado por artículos anti-gobierno.
- **Hombre gay de Uganda** obtuvo asilo por persecución severa basada en orientación sexual (grupo social particular).
- **Caso 2: Opinión Política**
  Ahmed, de Egipto, enfrentó arresto por criticar al gobierno en internet. Un paralegal ayudó a redactar una declaración sólida y obtener informes de derechos humanos.
- **Caso 3: Persecución LGBTQ+**
  Rafael, de Honduras, fue atacado por ser gay. Incluyó declaraciones juradas, registros médicos y artículos noticiosos. Le concedieron el asilo.

Sección 5: Formularios y Cómo Llenarlos

1. Formulario I-589: Solicitud de Asilo

- Información biográfica
- Declaración detallada sobre la persecución

- Lista de pruebas (documentos, testigos)

2. Todos los formularios migratorios —incluyendo I-589, I-765 (permiso de trabajo), mociones o apelaciones— deben ser **presentados correctamente, verazmente y a tiempo**.

Errores o retrasos pueden resultar en denegaciones automáticas, fechas límite perdidas o incluso **deportación**.

3. Lista de Documentos de Apoyo

- Declaración jurada personal
- Informes sobre condiciones del país
- Registros médicos o psicológicos
- Reportes policiales o de incidentes
- Cartas de testigos

Consejo: Siempre guarda copias de todos los documentos enviados y solicita **comprobante de recepción** al presentar.

Sección 6: Consejos para Profesionales Legales

1. Rol de los Paralegales

- Ayudar a redactar declaraciones personales
- Completar el formulario I-589
- Organizar evidencia y anexos

- Traducir y dar formato a los documentos

2. Rol de los Abogados

- Estrategia legal y representación directa
- Preparar al cliente para su testimonio
- Contrainterrogar a testigos del gobierno

Sección 7: Errores Comunes o Malentendidos

- Pensar que el asilo lleva automáticamente a la residencia
- Presentar fuera del plazo sin demostrar excepción
- Testimonios inconsistentes
- No comprender qué califica como "grupo social en particular"
- Creer que cualquier peligro califica (debe estar basado en motivos protegidos)

Sección 8: Estrategias Legales y Mejores Prácticas

1. Declaración Creíble

- Debe ser vívida, coherente, emocional pero basada en hechos

2. Evidencia de Respaldo

- Apoya tu caso con documentos externos: declaraciones de expertos, informes, etc.

3. Alivio Alternativo

- Siempre incluye **Retención de Remoción** y **CAT** si corresponde

4. Investigación del País

- Presenta fuentes recientes y creíbles sobre persecución en tu país

5. Declaraciones de Testigos

- Familiares o amigos que confirmen abuso, temor o peligro

Sección 9: Preguntas Frecuentes de Personas Detenidas

P: ¿Puedo solicitar asilo si llevo más de un año en EE.UU.?
R: Sí, pero debes demostrar circunstancias cambiantes o extraordinarias.

P: ¿Qué pasa si no tengo documentos?
R: Una declaración jurada fuerte y coherente puede ser suficiente, pero ayuda tener evidencia externa.

P: ¿Puedo ganar sin abogado?
R: Es posible, pero muy difícil. Busca al menos ayuda de un paralegal o grupo de ayuda legal.

Sección 10: Organizaciones Nacionales de Ayuda Legal

- **RAICES (Texas)** – Apoyo legal a nivel nacional – raicestexas.org
- **Human Rights First** – Trabajo pro bono de asilo – humanrightsfirst.org
- **ASAP (Asylum Seeker Advocacy Project)** – Ayuda legal en línea – asylumadvocacy.org
- **NIJC (National Immigrant Justice Center)** – Ayuda legal en grandes ciudades – immigrantjustice.org
- **CLINIC** – Apoyo nacional sin fines de lucro – cliniclegal.org

□ Presentar Correctamente es Crucial

Todos los formularios —incluyendo I-589, I-765 y mociones o apelaciones— deben completarse con **veracidad, precisión y dentro del plazo**.

Errores o demoras pueden causar **denegaciones automáticas o deportación**.

Siempre guarda copias y pide **comprobante de recepción**.

💼 Cómo Ayudan Paralegales y Abogados

- **Paralegales**: Organizan documentos, preparan declaraciones, explican procedimientos, llenan formularios bajo supervisión.
- **Abogados**: Brindan asesoría legal, representan en corte y desarrollan estrategias legales.

Trabajar con ambos mejora la calidad de tu caso y previene errores innecesarios.

⚠️ Errores Comunes y Malentendidos (Reiterado)

- **Esperar demasiado para presentar**: El plazo de un año es crítico.
- **Pensar que miedo a pobreza o crimen común califica**: Debe haber base protegida.
- **Seguir consejos incorrectos**: Notarios o amigos pueden causar daño legal.
- **Pensar que asilo = green card automática**: No. Es solo el primer paso.

⚖️ Estrategias Legales y Prácticas Efectivas (Reiterado)

- Reúne evidencia creíble: reportes médicos, registros policiales, artículos de noticias, declaraciones personales.
- Asegura declaraciones juradas y testimonios de expertos.
- Mantén la historia coherente en todas tus entrevistas y formularios.
- Consulta a un abogado experimentado o representante acreditado.
- Lleva un registro de tus audiencias, plazos y recibos.

□ Recursos y Organizaciones para Solicitantes de Asilo

- **RAICES** – Asistencia gratuita a inmigrantes y solicitantes de asilo
- **Human Rights First** – Representación legal gratuita
- **American Immigration Council** – Recursos legales y defensa
- **IRAP – International Refugee Assistance Project**
- **ASAP – Apoyo y guía legal para familias solicitantes de asilo**

🔊 Recuerda:

El proceso de asilo es complejo y las consecuencias son altas.
Incluso si no puedes pagar un abogado privado, existen muchas organizaciones y paralegales capacitados que pueden ayudarte a prepararte y mejorar tus posibilidades de éxito.

🕮 Experiencia Real y Consejos Prácticos

Testimonio anónimo de un detenido real:

"Fui arrestado por ICE en mi trabajo, detenido repentinamente, maltratado y aislado de mi familia. Me negaron una llamada por dos días. Estaba asustado, solo, y sin derechos básicos. Sentí confusión, luego miedo. Recordé el trauma que viví huyendo de mi país. Ser maltratado por oficiales me hizo sentir más inseguro. Me sentí humillado, enojado y con mucha ansiedad, no solo por mí, sino por mi familia."

Consejos prácticos si enfrentas algo similar:

- **Concéntrate en sobrevivir y documentar.**
  Intenta recordar todo: nombres, números de placa, hora, palabras, trato. Documentar abusos puede ayudarte después.
- **Prepárate mentalmente para tomar acción legal.**
  Mantente enfocado: *Esto es temporal. Voy a sobrevivir y voy a pelear.* Ya sea con asilo,

mociones, o quejas formales, lucha por justicia.

- **Aférrate a tu identidad.**
  Si te tratan como si no valieras nada, recuérdate: *Soy humano. Tengo dignidad. Tengo una historia. Y la voy a contar.*

- **Usa tu fe o tu esperanza como ancla.**
  Si tienes creencias espirituales, aférrate a ellas. Si no, cree que hay personas afuera — abogados, paralegales, defensores — **que te ayudarán a pelear.**

Capítulo 6: Mientras Estás Bajo Custodia de ICE: Preparándote para el Próximo Paso

Estar detenido por ICE puede sentirse abrumador, pero es crucial mantenerte proactivo e informado. Aquí hay pasos prácticos que puedes tomar mientras estás detenido para proteger tus derechos y prepararte para lo que viene—ya sea la liberación, la deportación o un alivio legal:

1. Conoce Tu Estatus y Tipo de Caso

• Determina si tienes un caso de deportación o si estás siendo retenido en espera de procedimientos migratorios.
• Solicita una copia del Aviso de Comparecencia (NTA) para entender los cargos en tu contra.

2. Solicita Ayuda Legal

• Pide al personal del centro de detención una lista de abogados de inmigración pro bono (gratuitos), o contacta a alguien de confianza fuera del centro para que te ayude a localizar asistencia legal.
• Tienes derecho a un abogado, pero ICE no provee uno—tú debes contratarlo o encontrar uno por tu cuenta.

3. Documenta Todo

• Mantén un cuaderno con fechas, nombres y detalles de tus interacciones con ICE, audiencias en la corte o problemas en la detención.
• Este registro puede respaldar quejas o mociones legales en el futuro.

4. Solicita Fianza o Libertad Condicional (Parole)

• Puedes ser elegible para fianza o parole dependiendo de tu caso e historial migratorio.

• Solicita una audiencia de fianza o pide a tu abogado que presente una moción para revisar tu detención.

5. Reúne y Prepara Documentos

• Recoge o solicita copias de certificados de nacimiento, pasaportes, solicitudes migratorias, tarjeta de residencia, permisos de trabajo y cualquier documento de casos penales.

• Serán cruciales para tu abogado, aplicaciones de alivio o esfuerzos de liberación.

6. Mantente en Contacto con Tu Familia

• Proporciónales tu número A (Número de Registro de Extranjero) para que puedan localizarte usando el Sistema de Localizador de Detenidos de ICE en línea.

• Pídeles que te ayuden a reunir documentos o buscar ayuda legal en tu nombre.

7. Identifica Posibles Formas de Alivio

Dependiendo de tu historial, podrías calificar para alivio contra la deportación:

• Asilo, Retención de Remoción o protección bajo la CAT si temes regresar a tu país de origen.

• Cancelación de Remoción para residentes de largo plazo.

• Visas U, T, o VAWA si fuiste víctima de crímenes, trata de personas o abuso.

• Ajuste de Estatus si tienes un cónyuge o hijo ciudadano estadounidense.

8. Conoce Tus Derechos en Detención

• No tienes que firmar ningún documento que no entiendas.

• Tienes derecho a permanecer en silencio y a negarte a la deportación hasta haber hablado con un abogado o ver a un juez de inmigración.

• Puedes presentar quejas por maltrato o negligencia médica.

9. Mantente Fuerte Física y Mentalmente

• Mantén una rutina—haz ejercicio, lee y mantente informado.

• Participa en programas de orientación legal o clases disponibles.

10. Prepárate para la Corte de Inmigración

• Entiende el proceso: La mayoría de los detenidos comparecen ante un Juez de Inmigración. Tu primera audiencia es una Audiencia de Calendario Maestro, donde confirmarás tu identidad, los cargos y si necesitas más tiempo para encontrar un abogado.

• Luego viene la Audiencia de Mérito, donde el juez decidirá tu caso basándose en los hechos y argumentos legales.

• Practica responder preguntas con respeto, claridad y honestidad. Nunca adivines si no sabes—di "No lo sé" o "Quisiera hablar primero con un abogado."

11. Evita Firmar Salida Voluntaria Sin Entender

• Los oficiales pueden ofrecerte salida voluntaria para evitar una detención prolongada.

• No firmes nada bajo presión. La salida voluntaria

puede perjudicar tus posibilidades futuras de regresar legalmente. Habla con un abogado primero.

12. Usa la Biblioteca Legal y Programas de Orientación Legal (LOPs)

• La mayoría de los centros de detención ofrecen acceso a recursos legales. Usa la biblioteca legal para investigar tu caso.

• Inscríbete en un Programa de Orientación Legal si está disponible—ofrecen sesiones grupales informativas sobre procedimientos en la corte y formas de alivio disponibles.

13. Prepárate para Todos los Resultados

Ya sea que seas liberado, ganes alivio o enfrentes la deportación:

• Si eres liberado: Asegúrate de saber tu próxima fecha de corte, actualiza tu dirección con la corte y da seguimiento con tu abogado.

• Si enfrentas la deportación: Comienza a planear con tus seres queridos. Notifícales con anticipación y prepara un plan para tu llegada segura a tu país, incluyendo refugio y medicamentos si los necesitas.

• Si ganas alivio: Podrías calificar para quedarte legalmente en EE.UU. Sigue los próximos pasos como recibir tu tarjeta de residencia o permiso de trabajo.

14. Construye una Red de Apoyo

• Acércate a organizaciones comunitarias, grupos religiosos o defensores migratorios. A menudo ofrecen apoyo moral, ayuda legal y recursos de reintegración.

• Proporciona a tu familia o sistema de apoyo una lista de contactos clave: abogado, trabajador del caso o información de tu consulado.

15. Presenta Quejas si Es Necesario

• Si eres maltratado, se te niega atención médica o el acceso a materiales legales:

o Presenta una queja por escrito en la instalación.

o Reporta al Inspector General (OIG) o a la División de Derechos Civiles del DHS.

o Guarda copias y notas de lo que ocurrió y cuándo.

Capítulo 7: Preparación del Plan Familiar y de Reingreso en Caso de Deportación

Enfrentar la posibilidad de la deportación es doloroso, especialmente cuando tienes seres queridos que dependen de ti en los Estados Unidos. Pero estar preparado no significa rendirse — significa proteger a tu familia, tu dignidad y tu futuro. Este capítulo es tu guía para planificar con anticipación y mantener el control, incluso durante una separación.

1. Habla con tu familia desde temprano

- Sé honesto con tu pareja, hijos o familiares de confianza sobre lo que está pasando.
- Hazles saber qué pueden esperar, especialmente en lo emocional y financiero.
- Involúcralos en la planificación cuando sea apropiado — no los dejes en la oscuridad.

2. Establece una autoridad legal de emergencia

- Redacta un Poder Notarial (Power of Attorney) que le dé a alguien de confianza el derecho de manejar:
    - Cuentas bancarias
    - Cuidado de los niños y decisiones escolares
    - Vivienda, vehículos y propiedad
- Es posible que debas asignar una tutela temporal si tienes hijos menores.
- Estos documentos deben ser notarizados y mantenerse accesibles.

3. Asegura documentos importantes

Asegúrate de que tu familia tenga copias de:

- Tu pasaporte, acta de nacimiento, tarjeta de residencia (green card) o visa
- Acta de matrimonio, actas de nacimiento de tus hijos
- Documentos fiscales, comprobante de domicilio, historial laboral
- Tu número de extranjero (A-number) e información de tu caso con ICE
  Guarda todo en una carpeta ignífuga o archivo digital seguro.

4. Preparación financiera

- Añade a una persona de confianza a tus cuentas bancarias si es necesario.
- Haz una lista de todos tus pagos mensuales — renta, teléfono, seguro, etc. — para que alguien pueda encargarse.
- Habla con tu empleador sobre el pago final o beneficios.
- Establece un presupuesto básico que tu familia pueda seguir en tu ausencia.

5. Apoyo escolar, de salud y comunitario

- Informa a la escuela de tus hijos si otra persona los recogerá o actuará como tutor.
- Asegúrate de que tu familia sepa cómo acceder a atención médica o recetas.
- Comunícate con iglesias, organizaciones comunitarias o redes de ayuda mutua que brinden apoyo a familias de personas detenidas o deportadas.

6. Prepárate para el reingreso en tu país

- Contacta a tu consulado para hablar sobre documentos, viaje y cualquier apoyo al regresar.
- Identifica un lugar seguro al que puedas ir — familiares, albergues u organizaciones que asisten a deportados.
- Si tienes condiciones médicas, trabaja con ICE o tu abogado para planificar la continuidad de tu tratamiento.

7. Apoyo mental y emocional

- La deportación puede destrozar emocionalmente a las familias. Motiva la consejería o terapia cuando sea posible — especialmente para los niños.

- Escribe cartas, graba mensajes o crea una carpeta con recuerdos para tus hijos, para que se sientan conectados contigo aunque estén separados.

8. Mantente en contacto después de la deportación

- Dale a tu familia tu futura dirección, correo electrónico o el contacto de una persona confiable.
- Usa redes sociales, WhatsApp o tarjetas telefónicas para mantener la comunicación.
- Sigue involucrado en tu caso si planeas presentar una Moción para Reabrir en el futuro.

Capítulo 8: Apelaciones y Moción para Reabrir el Caso

"La pelea no termina solo porque ellos dijeron que se terminó."

Cuando se emite una orden de deportación (remoción) en tu contra, no significa que sea la última palabra. La ley de inmigración de EE. UU. ofrece dos recursos legales clave: **Apelaciones** y **Mociones para Reabrir o Reconsiderar el caso**. Estas herramientas pueden ayudarte a corregir errores legales, presentar nuevas pruebas o impugnar decisiones injustas.

◈ 1. Entendiendo el Proceso de Apelación

Si un juez de inmigración falla en tu contra, tienes el derecho de apelar esa decisión ante la Junta de Apelaciones de Inmigración (BIA).

✓ Lo que debes saber:

- **Plazo:** Debes presentar un-Aviso de Apelación (Formulario EOIR-26) dentro de los 30 días posteriores a la decisión del juez de inmigración.
- No necesitas incluir todos los argumentos legales desde el primer día—solo un resumen de por qué estás apelando.
- Una vez aceptada, recibirás un cronograma para presentar escritos. Allí tú (o tu abogado) enviarás un escrito legal explicando por qué el juez se equivocó—ya sea en los hechos, en la ley o ambos.

✓ Lo que la BIA analiza:

- Errores legales cometidos por el juez
- Mala interpretación de los hechos
- Violaciones del debido proceso (ejemplo: no tuviste una oportunidad justa para presentar tu caso)

✓ Resultados posibles:

- **Afirmada:** La decisión del juez se mantiene.
- **Revocada:** Ganas—el caso puede ser cerrado o devuelto al juez.
- **Remandada:** Enviada de vuelta al juez para más audiencias.

📚 **Ejemplo de caso:**
INS v. Elias-Zacarias, 502 U.S. 478 (1992)
Este caso involucró a un hombre guatemalteco que se negó a unirse a un grupo guerrillero y solicitó asilo. La Corte Suprema falló en su contra, pero aclaró la importancia de interpretar correctamente las solicitudes de asilo y los estándares legales en las apelaciones.

◆ 2. Presentar una Moción para Reabrir el Caso
Incluso después de una orden de deportación, si surgen hechos o pruebas nuevas, puedes pedir al tribunal que **reabra** el caso.

✓ Cuándo usar esta moción:
• No pudiste presentar ciertos hechos antes por circunstancias excepcionales.
• Ahora calificas para un alivio que antes no aplicaba (ej: asilo por cambios en tu país, matrimonio con ciudadano estadounidense, nueva elegibilidad para visa).
• Tu abogado anterior arruinó tu caso (asistencia legal ineficaz).
• El caso fue procesado sin que tú supieras (remoción in absentia).

✓ Requisitos básicos:
• Debe presentarse dentro de los **90 días** posteriores a la orden final—salvo que alegues una excepción.
• Debe incluir:
o Una **declaración jurada detallada** explicando la

razón
o Nuevas pruebas o documentos
o Si es por mala asesoría legal, incluir una **declaración Lozada** demostrando que contactaste o intentaste reportar al abogado anterior.

• **Formularios clave:**
o **Formulario EOIR-29:** si se presenta con USCIS
o **Formulario EOIR-26B:** si se presenta ante la BIA

📚 **Ejemplo de caso:**
Matter of Lozada, 19 I&N Dec. 637 (BIA 1988)
Este caso estableció el procedimiento para alegar asistencia legal ineficaz. Debes cumplir con requisitos estrictos bajo Lozada para reabrir exitosamente un caso por mala representación.

3. Mociones para Reconsiderar

Una moción para reconsiderar pide al mismo tribunal que revise su decisión porque crees que el juez aplicó mal la ley o no consideró pruebas importantes.

• **Plazo para presentar:** Dentro de **30 días** de la decisión final.

• **Cuándo se utiliza:**
o Argumentos legales malinterpretados o mal aplicados
o Pruebas importantes pasadas por alto o mal interpretadas

Por Qué el Poder Notarial Es Importante Durante Procesos de Inmigración

Los procedimientos de inmigración—especialmente los que involucran detención o deportación—pueden ocurrir rápidamente y sin aviso. Un **Poder Notarial (POA)** es un documento legal que permite a una persona de confianza (el "agente") actuar en nombre del inmigrante (el "mandante") para manejar asuntos personales, financieros y legales.

Esto es especialmente útil si el inmigrante es detenido, transferido o deportado.

✅ Beneficios de Tener un Poder Notarial

1. **Proteger Propiedades Personales:** El POA permite a un familiar manejar legalmente el hogar, auto, cuentas bancarias, mascotas, etc.
2. **Manejar Responsabilidades Financieras:** El agente puede pagar renta, servicios, manutención, o evitar embargos/desalojos.
3. **Cuidado de Hijos o Dependientes:** El POA permite tomar decisiones médicas, escolares y de emergencia.
4. **Tomar Decisiones Legales tras la Deportación:** El agente puede vender propiedades, cerrar cuentas, o representar al deportado.

5. **Tranquilidad:** Saber que alguien confiable puede actuar por ti reduce el estrés y permite enfocarte en tu caso.

⚠️ Posibles Desventajas de un POA

1. **Riesgo de Abuso:** Si la persona no es confiable, podría malgastar fondos, vender bienes o tomar malas decisiones.
2. **Pérdida de Control:** Estás cediendo control legal sobre tus asuntos por un tiempo.
3. **Alcance Limitado:** Un POA mal redactado puede ser inútil en algunas áreas o vencer en el momento equivocado.
4. **Requisitos Legales Varían por Estado:** Algunas instituciones requieren notarización o formularios propios, especialmente bancos o propiedades.

✅ Buenas Prácticas:

1. Elige a alguien de **total confianza**.
2. Trabaja con un **profesional legal** para redactarlo a tu medida.
3. Limita el **tiempo o alcance**, si es necesario—por ejemplo, solo permitir ciertas acciones o por un período específico.

Consideraciones Especiales

• **Presentar una Suspensión de Deportación:** Presentar una apelación o moción **no detiene automáticamente** la deportación. Debes **solicitar una "Stay of Removal"** para frenar la deportación mientras se revisa tu caso.

• **Excepción por Cambio en Condiciones del País:** Si pierdes el plazo de 90 días para una moción para reabrir, aún puedes presentar si demuestras que las condiciones en tu país **empeoraron** después de que terminó tu caso.

📚 Ejemplo de caso:
Matter of S-Y-G, 24 I&N Dec. 247 (BIA 2007)
La BIA explicó cómo demostrar cambios en las condiciones del país, permitiendo reabrir casos **después del límite de 90 días** si surgen nuevos peligros en el país de origen.

🔚 Pasos Finales y Consejos

1. Consulte con un abogado de inmigración calificado o un representante acreditado.
La orientación profesional puede marcar la diferencia entre el éxito y el fracaso.

2. Actúe rápidamente.
La ley de inmigración impone plazos estrictos. Perderlos puede cerrar puertas permanentemente.

3. Asegúrese de presentar correctamente.
Envíe los formularios correctos e incluya documentos de respaldo sólidos.

4. Solicite una suspensión de deportación si es necesario.
No asuma que su deportación será pausada automáticamente; debe presentar una solicitud para quedarse en los EE.UU. mientras su caso esté pendiente.

Ejemplo 1: Moción para Reabrir Procedimientos de Deportación (Basado en Nueva Evidencia)

[Su Nombre]
[Número A]
[Su Dirección]

A:
Oficina Ejecutiva para la Revisión de Inmigración
[Nombre del tribunal de inmigración o BIA]
[Dirección del tribunal]

Re: Moción para Reabrir Procedimientos de Deportación
Número de caso: [Número de caso]
Fecha de la orden final: [Fecha]

Honorable Juez de Inmigración:

De acuerdo con 8 C.F.R. § 1003.23(b)(3), respetuosamente presento esta Moción para Reabrir los Procedimientos de Deportación basada en nueva evidencia sustancial que no estaba disponible en el momento de mi audiencia original.

Motivos de la Moción:

1. **Nueva evidencia de condiciones cambiadas en el país:**
   Desde la fecha de la orden final de deportación el [Fecha], las condiciones en mi país de origen [País] han empeorado significativamente.
   Ejemplo: "Un aumento reciente en la violencia dirigida contra minorías étnicas me pone en grave riesgo si soy deportado."

2. **Evidencia de respaldo:**

- Artículo de prensa: [Título, Fecha]
- Informe de derechos humanos: [Título, Organización]
- Declaración jurada de [Testigo o experto]
- Declaración personal adjunta

Respetuosamente solicito que este honorable tribunal conceda esta moción y considere la evidencia adjunta en apoyo de mi solicitud para [Asilo, Suspensión de Deportación, u otro alivio].

Solicitud de suspensión de deportación:
También solicito respetuosamente una suspensión de deportación mientras esta moción está en revisión.

Atentamente,
[Firma]
[Nombre en letra de molde]
[Fecha]

■ Ejemplo 2: Notificación de Apelación ante la Junta de Apelaciones de Inmigración (Formulario EOIR-26 – Contenido de Muestra)

Junta de Apelaciones de Inmigración
Oficina del Secretario
5107 Leesburg Pike, Suite 2000
Falls Church, VA 22041

Notificación de Apelación de una Decisión de un Juez de Inmigración

- Nombre del respondiente: [Su nombre completo]
- Número A: [Número A]
- Número de caso: [Número de caso]
- Fecha de la decisión del juez: [Fecha]

Motivos de la apelación:
Apelo la decisión del Juez de Inmigración emitida el [Fecha], que ordenó mi deportación de los Estados Unidos. Creo que el juez cometió errores en la aplicación de la ley de inmigración y no consideró pruebas fundamentales, incluyendo:
"evidencia de mi temor creíble a la persecución y mi elegibilidad para asilo."

Alivio solicitado:
Revocación de la decisión del juez de inmigración y devolución del caso para más procedimientos.

Atentamente,
[Firma]
[Nombre en letra de molde]
[Fecha]

📌 Consejo Estratégico para Adoptados en Riesgo de Deportación

Si fue adoptado y traído a EE.UU. como niño, podría haber una estrategia legal poderosa que lo proteja de la deportación — incluso si tiene antecedentes penales o problemas migratorios anteriores.

Ley de Ciudadanía Infantil de 2000 (CCA):
Otorga ciudadanía automática a niños adoptados si cumplían ciertos requisitos antes de cumplir 18 años:

1. Tener menos de 18 años el 27 de febrero de 2001.
2. Haber sido admitido legalmente como residente permanente.
3. Vivir en EE.UU. bajo la custodia legal y física de un padre ciudadano estadounidense.
4. Haber sido adoptado antes de los 16 (o 18 si eran hermanos).

☞ Si cumple estos requisitos, ¡podría ser ciudadano estadounidense automáticamente por ley!

☞ Puede presentar una moción para terminar los procedimientos o reabrir su caso.

Consejo clave:
Siempre verifique si la **CCA aplica** si fue adoptado siendo menor. Esto puede ser la diferencia entre deportación y ciudadanía.

🔚 Conclusión

Tener un Poder Notarial durante procedimientos de inmigración no solo protege propiedades—**protege su vida, su familia y su futuro**. Solo asegúrese de hacerlo correctamente y con las precauciones legales adecuadas.

● Palabras Finales

Incluso después de una orden de deportación, la injusticia se puede desafiar.
Este sistema puede ser cruel, pero **no es invencible**.

Apelaciones y mociones para reabrir son herramientas legales diseñadas para personas que **no se rinden**.
Usa esas herramientas.
A veces el final no es el final... solo es el siguiente movimiento.

RICK CURRY – Autor
Accused Federal Guide to Justice Paralegal Services

LLC
P.O. Box 260
Rex, GA 30273
✉ accusedme23@gmail.com

■ Glosario de Supervivencia Migratoria

A

Número A: Número único asignado a cada inmigrante.

Ajuste de Estatus: Proceso para obtener la residencia sin salir del país.

Asilo: Protección para quienes temen persecución.

B

Audiencia de Fianza: Determina si un detenido puede ser liberado y bajo qué condiciones.

C

Cancelación de Deportación: Permite quedarse legalmente en EE.UU. si cumple ciertos requisitos.

Proceso Consular: Solicitud de visa desde fuera del país.

D

Deportación: Expulsión legal de EE.UU.

Detención por ICE: Petición de ICE para mantenerlo detenido.

E

Entrada sin Inspección (EWI): Ingreso a EE.UU. sin autorización.

F

Uso Justo: Permite uso limitado de contenido protegido para educación/comentario.

Formulario I-213: Resume arresto y razones de deportación.

G

Tarjeta Verde (Green Card): Prueba de residencia permanente legal.

H

Notificación de Audiencia: Carta oficial con la fecha de corte.

I

ICE: Agencia encargada de hacer cumplir leyes migratorias.
I-862: Documento inicial de deportación.
Corte de Inmigración: Decide casos de deportación y solicitudes de alivio.

L

Residente Permanente Legal (LPR): Persona con derecho legal de vivir en EE.UU.

M

Moción para Reabrir: Solicita revisar un caso ya decidido.

P

Libertad Condicional (Parole): Permiso temporal para estar en EE.UU.
Poder Notarial: Autoriza a alguien actuar en su nombre.

R

Alivio de Deportación: Estrategias legales para detener una deportación.

S

Suspensión de Deportación (Stay of Removal): Detiene temporalmente la deportación.

T

TPS: Estatus temporal para personas de países en crisis.

V

Salida Voluntaria: Permiso para salir de EE.UU. sin orden formal.

📓 Sobre el Autor

Rick Curry, fundador de *Accused Federal Guide to Justice Paralegal LLC*, es un defensor apasionado de los derechos civiles con más de 25 años de experiencia en leyes penales federales. Como antiguo acusado federal que reconstruyó su vida, Rick ofrece orientación poderosa y práctica a personas en el sistema de justicia.

Obras publicadas:

- *The Accused Federal Guide to Justice Handbook*
- *Asylum: Immigration Defense Techniques*
- *The Hidden Land of Buganda*

- *Implied Malice (novela urbana)*
- *Malice Afterthought Pt. 2*

□ Dirección:
P.O. Box 260
Rex, GA 30273
✉ accusedme23@gmail.com
📞 (770) 334-5180

Made in the USA
Monee, IL
03 November 2026

67379630R00046